着せ替えがたのしい 小さなあみぐるみ

cocochi

産業編集センター

はじめに

この本を手に取ってくださり、ありがとうございます。

小さなあみぐるみや小物って難しそうなイメージがあるかもしれませんが、

この本に出てくる作品は比較的短時間で編み終わる作品がほとんどです。

スキマ時間でぜひ編んでみてください。

初めての方は糸と針の太さを変えて作ってもいいと思います。

編み物を楽しんで頂けますように。

cocochi

目次

- 14　材料と道具
- 15　**1**章　小さなあみぐるみ（くま、うさぎ、ねこの編み方）
- 16　くま、うさぎ、ねこの材料と編み図
- 19　全体の工程
- 20　頭の編み方
- 21　体の編み方
- 22　腕の編み方
- 23　くまの耳の編み方
- 25　うさぎの耳の編み方
- 26　顔の作り方（くま、うさぎ共通）
- 28　くまとうさぎの仕上げ
- 31　ねこの作り方
  　（耳の付け方、顔の作り方、しっぽの編み方）

- 34　**2**章　春のコーディネートとピクニック
- 36　ポシェット
- 37　赤い頭巾
- 39　麦わら帽子
- 40　かごバッグ
- 41　スカート
- 43　リュック
- 45　たまごやき
- 46　エビフライ
- 47　レタス、おにぎり

- 48　**3**章　夏のコーディネートと海水浴
- 50　カンカン帽子
- 51　うきわ
- 54　かき氷
- 55　すいか

- 58　**4**章　秋のコーディネートとハロウィン
- 60　トートバッグとベレー帽
- 62　イーゼル
- 63　えんぴつ
- 64　ペロペロキャンディ
- 66　かぼちゃ
- 68　魔女の帽子
- 69　魔女のケープ
- 70　ほうき

- 72　**5**章　冬のコーディネートとクリスマス・お正月
- 74　ケーキ
- 78　クリスマスツリー
- 79　サンタ帽子
- 80　クリスマスケープ
- 81　かがみ餅
- 83　しめ縄
- 85　（おまけ）丸いトレー

春

夏

秋

冬

⑬

材料

ダルマレース＃20

ダルマ家庭糸（太口）

さし目

クラフトバンド

クラフトコード

エミーグランデ（カラーズ）

ワックスコード

ボンド

ほつれ止め

道具

レース針2号

とじ針

1章
小さなあみぐるみ

くま、ねこ、うさぎ

くま　　うさぎ　　ねこ

- **仕上がりサイズ**

くま：立って約8cm、おすわりで約6.5cm
うさぎ：立って約9.5cm、おすわりで約8cm
ねこ：立って約8cm、おすわりで約6.5cm

- **使用糸**

・ダルマレース#20 ベージュ(3)、きなり(2)、ライトグレー(13) 各40m使用
・ダルマレース#20 きなり(2) くま、うさぎ、ねこの鼻とくちに50cm使用
・ダルマ家庭糸　太口#20 黒　刺しゅう糸の黒でもOK。30cm使用

- **その他の材料と道具**

・さし目（直径3mm）
・綿
・手芸用ボンド
・ワックスコード　茶（直径1mm）15cm使用
・レース（お好みで）
・レース針　2号
・とじ針
・つまようじ
・目打ち

編み図

頭

頭

編み終わったら糸を
30cm残して切る。

段数	目数	目数の増減
14	7	毎段7目減
13	14	
12	21	
6〜11	28	増減なし
5	28	増減なし
4	28	毎段7目増
3	21	
2	14	
1	7	わの中に7目

13段目を編んだら綿を入れる

体

体

編み終わったら糸を
35cm残して切る。

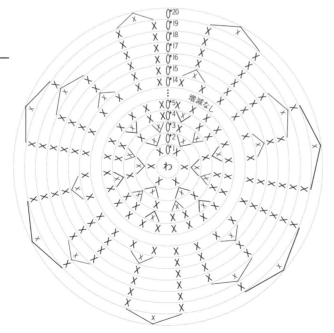

段数	目数	目数の増減
20	7	7目減
19	14	増減なし
18	14	4目減
17	18	増減なし
16	18	増減なし
15	18	6目減
6〜14	24	増減なし
5	24	増減なし
4	24	毎段6目増
3	18	
2	12	
1	6	わの中に6目

綿を入れる

編み図

腕

- 立ち上がりなしでぐるぐる編んでいく。
- わの中に7目編み、増減なしで9段編む。2段目まで編んだら裏目を表に出して中を見ながら編むと編みやすいです。
- 編み終わったら糸を35cmぐらい残して切る。
- 同じものを2本編む。
- 綿は入れない。

足

- 立ち上がりなしでぐるぐる編んでいく。
- わの中に8目編み、増減なしで10段編む。
- 編み終わったら糸を35cmぐらい残して切る。
- 同じものを2本編む。
- 先端のほうに少しだけ綿を入れる。つまようじなどを使うと詰めやすいです。

くち

裏目側に鼻・くちを刺しゅうする。

うさぎの耳

（編み図）

くまの耳

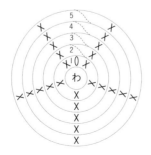

- 頭のてっぺん（わの中に7目で編み始めた箇所）から3段目に耳を付ける。
- くさり編み2目→中長編み4目の玉編み→くさり編み2目

くまとうさぎのしっぽ

全体の工程

※裏目を表に出して作っていますが、裏表お好みの編み目で作ってください。
※裏目を表に出して編むかたへ：腕、足、耳は細くて編みにくいかもしれません。
　2段目まで編んだら、裏目を表に出して、中を見ながら編むと編みやすいです。

1 頭を編む。

2 体を編む。

3 腕と足を編む。

4 耳を編み付ける。
　　　うさぎは耳のパーツを編んでから縫い付ける。

5 目とくちを付ける。

6 すべてのパーツを組み合わせる。

7 レースやワックスコードを巻いて仕上げる。

頭の編み方 （編み図17p）

くま、うさぎ、ねこ共通

1

わの中に7目編み入れる。

2

わを引き絞る。

3

編み図を見ながら11段目まで編む。

4

裏目が表側にくるようにひっくり返し、12段目は内側を見ながら減らし目をしていく。

5

13段目の減らし目ができたら、ここでいったん綿を詰めていく。一気に詰めず少しずつ詰めていくと詰めやすいです。かぎ針の後ろ側を使って詰めると詰めやすいです。

6

綿を詰めたら2目1度で1周編む。

編めたら30cmくらい糸を残して切る。

体の編み方 （編み図17p）

くま、うさぎ、ねこ共通

1

編み図を見ながら、14段目まで編んだら、頭と同じように裏目が表になるようにひっくり返す。

2

内側を見ながら18段目まで編んだら、綿を詰める。

3

20段目まで編めたら、足りない分の綿を詰める。つまようじの後ろ側を使うと詰めやすいです。

4

編み終わりは糸を35cmくらい残して切る。

腕の編み方 （編み図18p）くま、うさぎ、ねこ共通

1 わの中に7目編み、増減なしで9段編む。

2 立ち上がりなしでぐるぐる編んでいく。
※細長いパーツなので、2段目以降から裏目が表になるように、内側を見て編んでいくと編みやすいです。

3 編み終わったら編み始めの糸を内側に引っ張り出して切る。編み終わりは糸を35cmくらい残して切る。
※綿は入れない。

4 同じものを2つ編む。

足の編み方 （編み図18p）くま、うさぎ、ねこ共通

1 わの中に8目編み、増減なしで10段編む。

2 立ち上がりなしでぐるぐる編んでいく。
※細長いパーツなので、2段目以降から裏目が表になるように、内側を見て編んでいくと編みやすいです。

3 編み終わったら編み始めの糸を内側に引っ張り出して切る。編み終わりは糸を35cmくらい残して切る。
※足先に少しだけ綿を入れる。つまようじの後ろ側を使うと詰めやすいです。

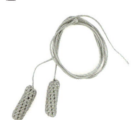

4 同じものを2つ編む。

くまの耳の編み方 （編み図 18p）

1

くさり2目・中長編み4目の玉編み・くさり2目で耳を作っていく。上から3段目の目を写真のようにかぎ針ですくう。

2

新しく糸をかぎ針に引っかける。

3

引っかけた糸を手前に持ってくる。

4

くさり編みを2目編む。

5

糸をかぎ針に引っかける。

6

最初にすくった同じ目をすくう。

7

糸をかぎ針に引っかける。

8

手前に糸を持ってくる。これで中長編み1つ分ができています。⑤〜⑧の工程を3回繰り返す。

9

中長編み4目が編めたところ。

10

かぎ針に糸を引っかける。

11

引っかけた糸を右側に一気に引き抜く。

12

くさり編みを2目編む。

13

もう一度最初と同じ目をすくう。

14

糸を引っかける。

15

引き抜く。

16

反対側にも同じように耳を編み付ける。

17

両耳の間隔はお好きな間隔で大丈夫です。
※ここではこのくらいの間隔です。

18

耳の編み始めと編み終わりの糸を、とじ針で頭の下に持ってきて切る。

うさぎの耳の編み方

1 わの中に5目編み、増減なしで5段編む。

2

立ち上がりなしでぐるぐる編んでいく。
※細長いパーツなので、2段目以降から裏目が表になるように、内側を見て編んでいくと編みやすいです。

3

編み終わったら編み始めの糸を内側に引っ張り出して切る。編み終わりは糸を35cmくらい残して切る。

4 残した35cmの糸で頭（上から2段目くらいのところ）にかがり縫いで付ける。

25

顔の作り方

くま、うさぎ 共通

1

目を付ける位置を決めて目打ちで穴を開ける。

2

さし目の先端に少しだけ手芸用ボンドを付ける。

3

さし目を差し込む。

4

わの中に8目編む。編み図（18p）のように鼻口の丸い形をきなりの糸で編む。

5

黒い糸で3〜4回往復して鼻を刺しゅうする。

6

鼻の斜め下から、鼻の下中心に向かって糸を渡らせる。

7

片方のくちができたところ。

8

反対側も同じように作る。

9

裏返してすべての糸端を2mmくらい残して切る(裏で結んだりせずに、手芸用ボンドで固定する)。

10

全体にまんべんなく手芸用ボンドをぬる。

11

こんな感じで固定します。

12

はみ出した糸端を目打ちで内側に入れ込む。

13

顔の完成。

27

くまとうさぎの仕上げ

1

頭と体の立ち上がりの部分を合わせるようにかがり縫いして、頭と体を固定する（立ち上がりのラインはずれてしまっても大丈夫です）。

2

かがり縫いした糸端は、背中の方へ抜いて切っておく。

3

腕⇒編み終わりで35cm残した糸で引き絞るようにしてとじる。

4

この辺に糸を抜いてくる。

5
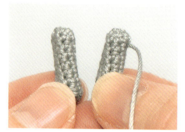

片方は糸をカットして、もう片方は写真のように編み終わり35cmの糸を残しておく。

6

腕を体に付ける。

7

少しずらした箇所を3往復～4往復して腕を付ける。

8

腕を付けた糸始末の仕方(写真⑧〜⑬までは、糸が1本しかないときに、しっかりと固定して糸始末がしたい時のやり方です)⇒背中側の立ち上がり部分に糸を抜いてから、少しだけ立ち上がり部分をすくう。

9

わになったところに針を通す。

10

キュッと引き締める。

11

引き締めができたところ。

12

この辺りに針を刺して、

13

糸を下に抜いて、切る。

14

腕が付きました。

15

腕と同じように、写真の箇所に足を付ける。

㉙

16

この辺りをすくって、しっぽを付ける(耳の付け方と同じ)。

17

くさり編み2目と、中長編みの玉編み3目が編めたところ。

18

しっぽが付きました(あみぐるみが後ろに倒れないように支える役割をしてくれます)。

19

完成したら、ワックスコードをまいてリボン結びをしたり、レースを付けたりお好みの雰囲気に仕上げて下さい。

うさぎの仕上げ

1 耳を、残した35cmの糸でかがり縫いで付ける。

2 残りの工程はくまと同じ。

ねこの作り方

（耳の付け方、顔の作り方、しっぽの編み方）

※頭、体、腕と足はくま・うさぎと同じ

耳の付け方

1

編み始めから4段目を写真のようにすくう。

2

くさり編みを2目編む。

3

同じ目に長編みを2目編む。

4

隣の目（編み始めから3段目）に長編みを1回編む。

5

糸をかけて一気に引き抜く。

31

6

くさり編みを2目編んで、同じ目に引き抜く。

7
くさり編みを2目編んで、同じ目に引き抜く。

指で耳が三角形になるように整える。

8

反対側も同じように耳を編み付ける。くまと同じように糸処理をする。

しっぽの付け方

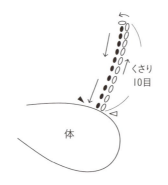

9

しっぽを付ける⇒この辺りを縦にすくう。

10

くさり編みを10目編む。

11

引き抜き編みで折り返す。

12

編み終わり方は、編み始めと同じ位置にかぎ針を入れて引き抜く。

顔の作り方 （目・鼻・くちの付け方は、くま・うさぎと同じ）

13

ひげを付ける⇒とじ針に黒い糸を付けて刺す。

14

反対側に突き抜ける。

15

糸を通す。

16

好みの長さに切る。

17

ほつれ止めでひげを固定する。

2章
春

春のコーディネートとピクニック

仕上がりサイズ

ポシェット:長さ約5cm、横幅約2.5cm
赤い頭巾:高さ約3.5cm、横幅約3.5cm
麦わら帽子:高さ約2cm、直径約4.5cm
かごバッグ:高さ約3.5cm、横幅約3cm
スカート:丈約2.5cm、横幅約5cm

リュック:高さ約4cm、横幅約3.5cm、マチ約1.5cm
たまごやき:高さ約1cm、横幅約2cm
エビフライ:長さ約3cm、太さ約1cm
レタス:縦横約2cm
おにぎり:高さ約2cm、横幅約2.3cm

ポシェット

材料
ダルマレース #20赤(10) 約5m
ミニボタン 直径0.5cmぐらいのもの(ビーズなどでもOK)
手芸用ボンド

道具
レース針2号(1.5mm)
とじ針

編み図

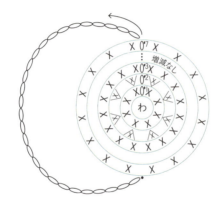

作り方

1
わの中に8目編んで、編み図のように編んでいく。

2
そのままポシェットのひも部分をくさり編みする。28目で編む。きつめに編むと仕上がりがきれい。

3
仕上げ処理をする。お好みでボタンやレースを付けてもかわいい。

赤い頭巾

- **材料** ダルマレース #20 赤(10) 約10m
- **道具** レース針2号(1.5mm)　とじ針
- **編み図** 1段目はくさり編みの裏山をすくいながら、中長編みで24目編む。

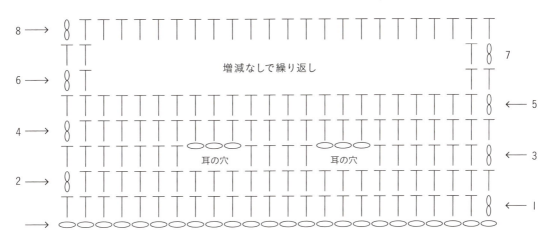

※ 編み始め（くさり編み24目の作り目をする）

作り方

1 編み図のように中長編みで本体を編む。

2
右図のように帽子の後ろ側をとじ針で巻きかがる。

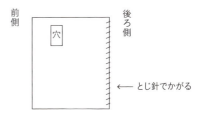

37

3

右図のように右端に糸を付けてひもと縁を編んでいく。

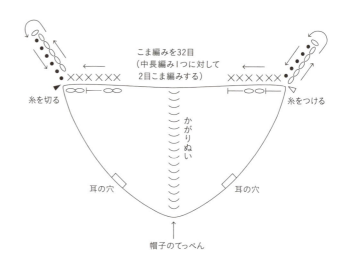

こま編みを32目
（中長編み1つに対して
2目こま編みする）

糸を切る　　　　　　　　　　　　　　　　糸をつける

耳の穴　　　　　　　　　　　耳の穴

かがりぬい

↑
帽子のてっぺん

4

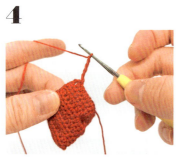

くさり編み5目と、立ち上がりのくさり編み1目を編む。

5

5目引き抜き編みをする。

6

編み図のように、中長編み1目に対してこま編み2目で頭巾下側の縁を編む。

7

かがった箇所にはこま編みを1目編んで編み進める。

8

反対側も同じように紐を編む。

9

糸処理をして完成です。

麦わら帽子

材料

ハマナカエコアンダリヤクロッシェ（804）約11m
手芸用ボンド

道具

レース針2号（1.5mm）
とじ針

編み図

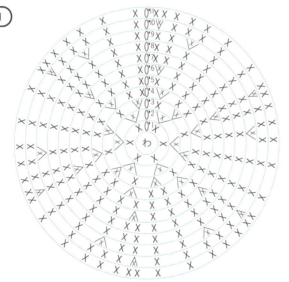

段数	目数	目数の増減	
11	42	増減なし	ツバ部分
10	42	6目増	ツバ部分
9	36	6目増	ツバ部分
8	30	増減なし	
7	30		
6	30	6目増	
5	24	増減なし	
4	24		
3	18	毎段6目増	
2	12		
1	6	わの中に6目	

作り方

1 わの中に6目こま編みを編んで、編み図のように編んでいく。

2 糸処理をしたらワックスコードをリボン結びして、手芸用ボンドで固定し、仕上げる。

かごバッグ

材料 ハマナカ エコアンダリヤ クロッシェ（804）約5m

道具 レース針2号（1.5mm）
とじ針

編み図

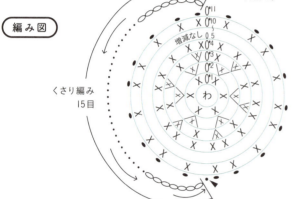

そのままかごバッグのひもをくさり編みで15目編む。

くさり編み15目

段数	目数	目数の増減	
11	18	増減なし	引き抜き編み
10	18		
9	18		
8	18		
7	18	増減なし	
6	18		
5	18		
4	18		
3	18	6目増	
2	12	6目増	
1	6	わの中に6目	

 作り方

1 わの中に6目こま編みをして、編み図のように編んでいく。

2 11段目は引き抜き編みをする。

3 糸処理をして完成。

スカート ※手縫いでもOKです。

- **材料** 薄手の布　横14cm、縦4cm
  マスクゴム 約10cm
  ミシン糸

- **道具** とじ針（太めのもの）→ゴムを通すのに使用

作り方

1

横14cm、縦4cmの布を用意する。薄手の布がおすすめです。

2

周りにジグザグミシンをかける。

3

下側から5mm折り返してなみ縫いで縫う。

4

両サイドを5mm折り、かたをつける。

5

上側5mmほどなみ縫いで縫う。

6

上側を1cmほど折り返して写真のようになみ縫いで縫う（ここにゴムを通すので、余裕ができるようにギリギリを縫う）。

41

7

太めのとじ針にゴムを通して、ウエスト部分に先に通す。

8

ギュッと絞ってあみぐるみのウエストサイズに合わせる。

9

結ぶ。

10

最後に横のあいている部分を中表にして縫う。

11

裏返して完成。

12

いろんな柄で作ってみてください。

リュック

材料
ダルマレース#20 ミント（16）約15m
ダルマレース#20 ピンクベージュ（5）約15m
革布（または合皮布：フタ用）
ワックスコード（1mm幅）15cm
クラフトコード（3mm幅）約10cm
丸カン（直径5mm）
手芸用ボンド

道具
レース針2号（1.5mm）
とじ針
太めのとじ針（ワックスコードを通すのに使用）

編み図　編み始めはくさり編み4目でスタート。

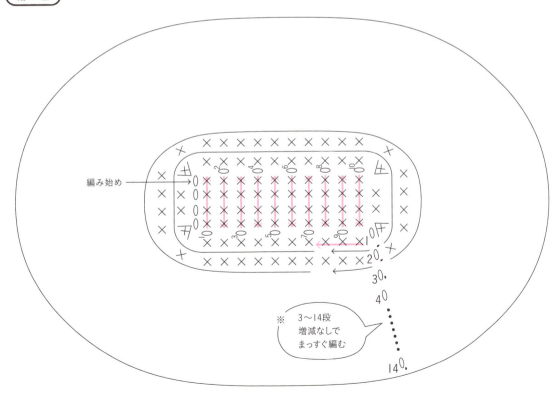

※ 3〜14段 増減なしで まっすぐ編む

作り方

1

編み図通りに本体を編む。

2

ワックスコードを通す。
※ワックスコードはとじ針に通して
リュック本体に通す。

3

フタを付ける。

手芸用ボンド
で革のフタを
貼る。

合皮のクラフトコードを
手芸用ボンドで付ける。

4

仕上げ。

 フタの型紙

（実物大）

丸カンを付ける。

たまごやき

- **材料** エミーグランデ（カラーズ）オイルイエロー（582）約4m
  手芸用ボンド

- **道具** レース針2号（1.5mm）
  とじ針

編み図

くさり編みで40目作り目

作り方

1

糸処理をする。

2

巻いていく。

エビフライ

材料　ダルマレース＃20ベージュ（3）約2m
　　　　ダルマレース＃20赤（10）約1m

編み図

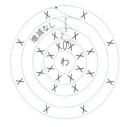

作り方

本体

1
わの中に8目こま編み、その後ぐるぐる8段増減なく編む。
※裏目が表に出るようにする（22p）。

2
少しだけ綿を詰める。つまようじの
後ろ側を使うと詰めやすいです。

しっぽ

1
わの中にくさり編み5つを編んで引
き抜く（2回繰り返す）。

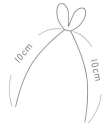

2
編み始めの糸と編み終わりの糸を
約10cmずつ残す。

3
本体にしっぽを付けて
仕上げる。

レタス

材料	ダルマレース#20フレッシュグリーン（19）約2m
道具	レース針2号（1.5mm） とじ針　つまようじ

編み図

作り方

1 編み図のように編む。

2 糸処理をする。

おにぎり

材料	ダルマレース#20きなり（2）約5m ダルマレース#20黒（145）約2m 手芸用ボンド　綿
道具	レース針2号（1.5mm） とじ針

編み図

（のり）

10目くさり編みで作り目

（本体）

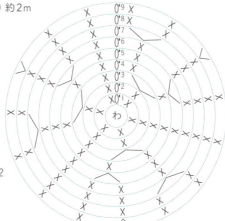

段数	目数	目数の増減
9	18	3目増
8	15	増減なし
7	15	3目増
6	12	増減なし
5	12	3目増
4	9	増減なし
3	9	3目増
2	6	増減なし
1	6	わの中に6目

作り方

1 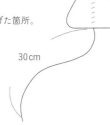 立ち上げた箇所。30cm

2 矢印の向きにかがる。

3 真ん中に糸を戻して残り半分もかがる。

4 のりを手芸用ボンドで貼る。

47

夏のコーディネートと海水浴

仕上がりサイズ

カンカン帽子：高さ約2cm、直径約4.5cm
うきわ：高さ約2cm、直径約6.5cm
かき氷：高さ約3cm、横幅約3cm
すいか：高さ約2cm、横幅約3.5cm

カンカン帽子

材料　ハマナカエコアンダリヤクロッシェ（803）約12m
　　　　グログランリボン黒（3mm幅）約15cm
　　　　手芸用ボンド

道具　レース針2号（1.5mm）
　　　　とじ針

編み図

段数	目数	目数の増減	
12	42	増減なし	
11	42	6目増	
10	36	6目増	
7～9	30	増減なし	
6	30	増減なし	すじ編み
5	30		
4	24	毎段6目増	
3	18		
2	12		
1	6	わの中に6目	

1 カンカン帽子本体を編む。

2 糸処理をする。

3 手芸用ボンドでグログランリボンを付ける。

乾いたら完成。

うきわ

段数	目数	目数の増減
17〜18	36	増減なし
16	36	
15	42	
14	48	毎段6目減
13	54	
12	60	
8〜11	66	増減なし
7	66	
6	60	
5	54	毎段6目増
4	48	
3	42	
2	36	増減なし
1	36	くさり編みで36目作る

材料
ダルマレース#20 きなり(2)約20m
/(飾り)約2m
ダルマレース#20 マリンブルー(20)約2m
ダルマレース#20 ミント(16)約20m
綿　手芸用ボンド

道具
レース針2号(1.5mm)
とじ針

編み図 (本体)

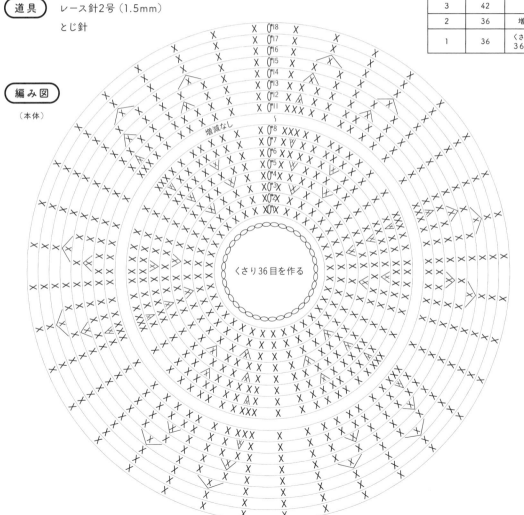

（飾り部分）

（イカリのマーク）

くさり8目

くさり4目

〈作り方〉

1

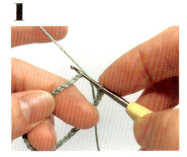

編み図のようにくさり編みを36目作り、裏山を拾いながらこま編みをする。

2

編み図のように編めたら、裏目を表に出して、内側を半分かがる。

3

半分までとじたら、とじた中に綿を詰める。

4

残りの半分もかがりながら綿を詰めていく。最後までかがれたら、糸処理をする。

5

うきわの飾り部分が編めたら、巻きつけて裏側でとじる。

6

飾りが付きました。

7

イカリマークをくさり編みで編む、きつめにくさり編みを編むと綺麗に仕上がる。編み図のようにくさり8目を編む。

8

両端は1mm程残して切る。

9

上の丸い部分はくさり6目を編む。

10
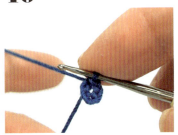
編み始めの目に引き抜き、わにする。

11

そのままくさり5目を編む。糸端を1mmほど残して切る。

12

くさり4目の部分も同じように、両端を1mm残して切り、手芸用ボンドで貼り付けて仕上げる。

かき氷

材料
ダルマレース#20 きなり(2) 約5m
ダルマレース#20 チェリーピンク(6) 約5m
ダルマレース#20 スモークブルー(7) 約5m
ハマナカエコアンダリヤクロッシェ(803) 約6m
ハマナカエコアンダリヤクロッシェ(809) 約6m
綿　手芸用ボンド

編み図

(かき氷)

色の付いているところはチェリーピンクもしくはスモークブルーで編む。それ以外はきなりで編む。

段数	目数	目数の増減
9〜12	24	増減なし
8	24	増減なし
7	24	※増減はなし
6	24	6目増
5	18	増減なし
4	18	6目増
3	12	増減なし
2	12	6目増
1	6	わの中に6目

※増やし目と減らし目あり

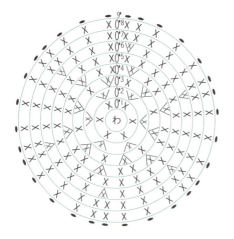

(器)

裏目を表側に出す。

段数	目数	目数の増減
9	30	増減なし、引き抜き編み
8	30	増減なし
7	30	増減なし
6	30	6目増
5	24	増減なし
4	24	6目増
3	18	6目増
2	12	6目増
1	6	わの中に6目

作り方

1 編み図通りに編む。

2 綿を詰める。

3 手芸用ボンドを縁にまんべんなく塗る。

4 器とくっつけて完成。

すいか

材料
ダルマレース#20赤(10)約5m
ダルマレース#20レモン(12)約5m
ダルマレース#20きなり(2)約1m
ダルマレース#20フレッシュグリーン(19)約2m
ダルマ家庭糸太口#20黒
厚紙　綿　ペットボトルキャップ

道具
レース針2号(1.5mm)
とじ針　刺しゅう針

編み図

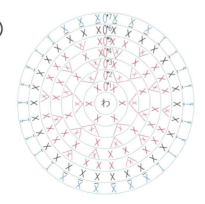

1～5段目は赤もしくはレモンで編む。
6段目はきなりで編む。
7段目はフレッシュグリーンで編む。

※赤いすいか、黄色いすいか共通、裏目が表に出るようにして編んでいますが、裏目/表目お好みの編み目で作ってOKです。
7段目はすじ編み(編み終わりは糸端を35cmくらい残しておく)。

55

作り方

1

編み図のように6段目まで編む。7段目はフレッシュグリーンの糸ですじ編み（手前側のすじをすくって編む）。

2
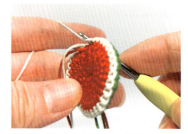
7段目が編めたら糸端は全て裏側にくるように引き抜いておく。

3

こんな感じ。

4

黒い糸で種を刺しゅうする。玉留め（糸を針に4巻くらい巻きつけて玉留めする）で種を5箇所に刺しゅうする。糸は切らずに渡らせて大丈夫。

5
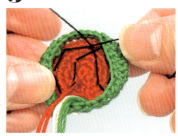
始めと終わりの糸を3回ほど結ぶ。

6

全ての糸端を1cmくらい残して切る。

7

厚紙にペットボトルキャップ上側で型を取り切り取る。

厚紙

厚紙にペットボトルのキャップの上部で型を取り、切り抜く。
※コンパスで半径1.4cmの円を描いてもOK。

8

半分に折り曲げる。

```
┌─────────┐
│ 半分に折った │
│   厚紙    │
└─────────┘
```

9

すいかの中に厚紙と綿を入れる。
厚紙を中に入れてから綿を入れる。

とじ針でかがったらできあがり。

10

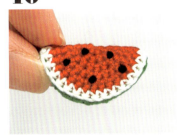

完成。

4 章

秋

秋のコーディネートとハロウィン

仕上がりサイズ

トートバッグ：高さ約3.5cm、横幅約3.5cm、マチ約1.5cm
ベレー帽：高さ約1cm、直径約2.5cm
イーゼル：高さ約8.5cm、横幅約5.5cm
えんぴつ：長さ約3cm
ペロペロキャンディ：長さ約6.5cm、キャンディ部分の横幅約2.5cm

かぼちゃ：高さ約1.5cm、直径約3cm
魔女の帽子：高さ約2cm、直径約2.5cm
魔女のケープ：高さ約2.5cm、横幅約7cm
ほうき：長さ約9cm

トートバッグとベレー帽

- **材料** ダルマレース#20 マリンブルー(20)/赤(10) 約8m
  ダルマレース#20 きなり(2) 約7m
  手芸用ボンド
- **道具** レース針2号(1.5mm) とじ針

編み図
(トートバッグ)

編み始め　底部分

11段目…引き抜きで1周
増減なし

(持ち手) ← 1段こま編み
同じものを2本編む。
くさり編み22目作る

編み図
（ベレー帽）

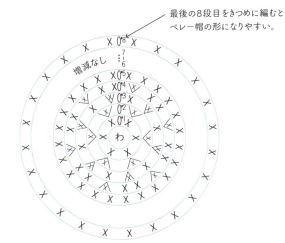

最後の8段目をきつめに編むとベレー帽の形になりやすい。

作り方

（トートバッグ）

1 くさり編み4目で編み始め、本体を編み図のように編む。

2 側面は3段目まではマリンブルーあるいは赤で編み、4段目はすじ編み。

3 4～10段まではきなりで増減なく編む。

4 11段目は引き抜き編み。

5 持ち手を編んで手芸用ボンドで貼り付ける。

（ベレー帽）

1 本体は最後の8段目をきつめに編むとベレー帽の形になりやすい。

2 トップ部分は裏側で編み始めの糸と結んで固定する。

イーゼル

材料 ハマナカエコクラフト（ナチュラル）No.001ベージュ14cm
木工用ボンド

道具 ハサミ

作り方

1

クラフトバンドを切る。

2

次の内容でクラフトバンドを用意する。

・3本幅で7cmを3本
・3本幅で5.5cmを1本
・3本幅で3cmを1本
・3本幅で4cmを1本
・6本幅で5cmを1本

3

木工用ボンドでこのように貼り合わせる。

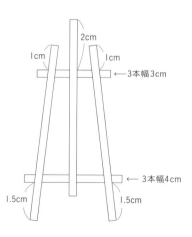

4

6本幅で5cmのバンドを写真のように折り曲げる。

5

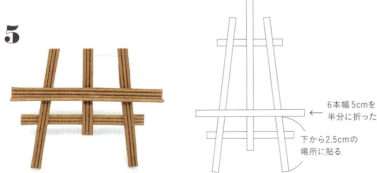

折れたらこのように貼る。

← 6本幅5cmを半分に折ったもの

下から2.5cmの場所に貼る

6

3本幅で5.5cmのバンドの先を1cmほど折り曲げ、裏側に木工用ボンドで貼り付ける。

7

このように貼り付けて乾かす。

8

完成。

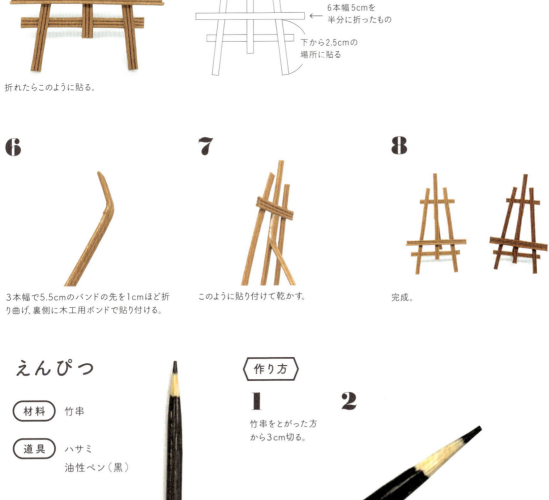

えんぴつ

材料 竹串

道具 ハサミ　油性ペン（黒）

〈作り方〉

1

竹串をとがった方から3cm切る。

2

油性ペンでえんぴつのように色を付けて完成。

ペロペロキャンディ

材料
ダルマレース#20 きなり（2）約5m
エミーグランデ（カラーズ）アイリスパープル（675）約5m
グログランリボン黒（3mm幅）10cm
厚紙　竹串　木工用ボンド

道具　レース針2号（1.5mm）　とじ針

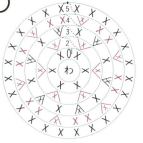

編み図

2枚同じものを編む。1段目を編み終えたら糸をきなり→アイリスパープルに替える。

1

きなりの糸で編み図のようにわの中に6目編み入れて編み始める。1段目が編めたらアイリスパープルの糸に付け替えて編む（立ち上がりはなしで1段ごとに糸の色を替えて、ぐるぐる編んでいく）。糸は切らずに後ろ側に休ませておく。

2

アイリスパープルの糸でこま編みをする。

3

こま編みが1つ編めたところ。

4

1目に対して2目ずつ編んで1周する。

5

次の段は後ろで休ませていたきなりの糸で編む。

6

同じように1段目ごとに糸を替えながら、編み図のように編む。

7

糸を切って手前側に引き抜いておく、その後糸端1cm位残して切る。

8

裏目を表に出すので、こちらが表になります。同じものをもう1枚編む。

9

2枚重ねて縁をかがっていく。半分までかがる。

10

半分かがれたら、作っておいた厚紙と竹串をくっつけたもの（※）を中に挟む。

（※）

1

厚紙を半径1cmの円に切り抜く。

厚紙を半径1cmの円に切り抜く。

2

竹串はとがっていないほうから5cm切る。

原寸型紙

3

木工用ボンドで竹串の先5mmと厚紙を付ける（ボンドが透明になるまで乾かす）。

ボンドが透明になるまでしっかり乾かす。

キャンディ部分2枚を中表にしてまわりをかがっていく。途中で厚紙を入れて最後までかがる。

11

最後までかがれたら、糸処理をする。グログランリボンを結び付けて完成。

かぼちゃ

- **材料** ダルマレース#20グリーン(19) 約50cm
  エミーグランデ(カラーズ)ストロングオレンジ(172) 約15m
  綿　手芸用ボンド

- **道具** レース針2号(1.5mm)
  とじ針

編み図
(かぼちゃ)

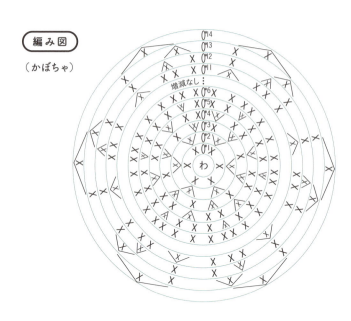

(ヘタ)

段数	目数	目数の増減
14	6	6目減
13	12	6目減
12	18	6目減
11	24	6目減
10	30	増減なし
9	30	
8	30	
7	30	
6	30	
5	30	毎段6目増
4	24	
3	18	
2	12	
1	6	わの中に6目

作り方

1
編み図のように、かぼちゃを編む。

2

綿を詰めたら糸を50cm残して切る。

ギュッと糸で絞り作っていく（6等分する）。

3

糸処理の仕方。写真のようにかぼちゃの後ろ側を少しすくう。

4

糸のわの中にとじ針を通す。

5

引き絞る。

6

反対側にとじ針を突き抜けさせる。

7

糸を切る。

8

ヘタを編んで手芸用ボンドで付ける。

9

乾いたら完成。

67

魔女の帽子

材料
ダルマレース#20 黒(15) 約5m
ワックスコード白(1mm幅) 約12cm
手芸用ボンド

道具
レース針2号(1.5mm)
とじ針

編み図

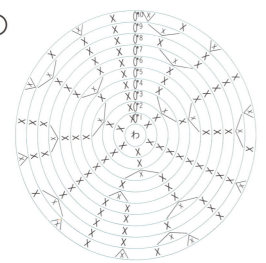

段数	目数	目数の増減
10	30	10目増
9	20	5目増
8	15	増減なし
7	15	3目増
6	12	増減なし
5	12	3目増
4	9	増減なし
3	9	3目増
2	6	増減なし
1	6	わの中に6目

作り方

1 編み図のように、魔女の帽子を編む。

2 白いワックスコードをリボン結びで付ける。

3 手芸用ボンドでリボンを固定する。

魔女のケープ

材料 ダルマレース#20 黒(15)約10m
ワックスコード白(1mm幅)約20cm
手芸用ボンド

道具 レース針2号(1.5mm)
とじ針

編み図

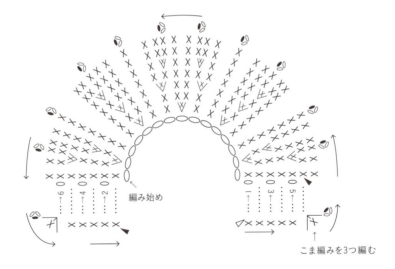

編み始め

こま編みを3つ編む

作り方

1 くさり編み15目を作り、編み図を見ながら折り返し編みで6段まで編む。

2 1段目の1目めに糸を付けてまわりを囲むようにこま編み3目ごとにピコット編みをして仕上げる。

3 糸処理をしてワックスコードを手芸用ボンドで付ける。

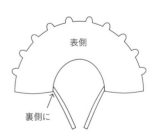

表側

裏側に

裏側に白いワックスコードを手芸用ボンドで付ける。

ほうき

材料 ハマナカエコクラフト（ナチュラル）No.101ベージュ16cm
竹串1本
木工用ボンド
グログランリボン黒（幅3mm）約15cm

道具 ハサミ

1

4cmにカットしたクラフトバンドを1本幅に切り離す（全部で48本切る。少し余るかもしれません）。

2

竹串を、とがっていないほうから7cm切る。

3

準備ができたところ。

4

竹串の先1cmくらいに、木工用ボンドを付けてクラフトバンドを貼り付けていく。

5

ぐるっと1周貼れたところ。

6

ボンドを付けて2周目もぐるっと1周貼り付ける。

7

3周目も同じように貼る。

8

乾かして、グログランリボンを巻いて完成。

冬のコーディネートとクリスマス・お正月

仕上がりサイズ

＜クリスマス＞
ケーキ：高さ約2.5cm、直径約3.5cm
クリスマスツリー：高さ約5.5cm、横幅約4cm
サンタ帽子：高さ約2.5cm、横約2cm
クリスマスケープ：丈約2.5cm、横幅約7cm

＜お正月＞
かがみ餅：高さ約3.5cm、横幅約3cm
しめ縄：直径約3cm

ケーキ

材料
- ダルマレース#20 きなり(2) 約15m
- ダルマレース#20 赤(10) 約2m
- ペットボトルのキャップ(白いもの)1個
- 厚紙　フェルト(白)　手芸用ボンド

道具
- レース針2号(1.5mm)
- とじ針

編み図
(ケーキ)

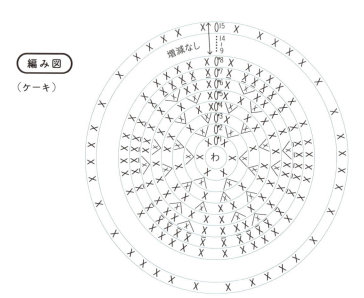

段数	目数	目数の増減
8〜15	36	増減なし
7	36	増減なし　すじ編み
6	36	毎段6目増
5	30	
4	24	
3	18	
2	12	
1	6	わの中に6目

(クリーム)

18模様(力の加減によって足りない場合は編み足して下さい)

1模様

(いちご)

〈作り方〉

◎ ケーキの厚紙を型取る

1

白い厚紙にペットボトルキャップの下側の型を取る。

2

上部分の型を取る。

※キャップの上部分に模様などが入っていたら、切り取った厚紙を貼り付けて下さい。上部が無地のキャップを使用する場合は貼らなくて大丈夫です。

3

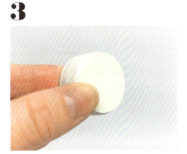

木工用ボンドで貼り付けたところ。

◎ ケーキの編み方

※裏目を表に出るようにして作っていますが、裏目でも表目でもお好みの編み目で作ってください。

1

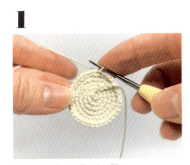

編み図のように6段目まで編む。

2

すじ編みで1周編む(手前側の1本をすくってこま編み)。

3

7段目が編めたところ。

4

残りはこま編みで15段目まで編む。編み始めの糸は3cmぐらいで切っておく。

5

ペットボトルのキャップを中に入れる。

6

切っておいた厚紙を手芸用ボンドで貼り付ける。

7

厚紙と同じサイズに切った白いフェルトを手芸用ボンドで貼り付ける。

8

クリーム部分を編む。くさり編みを2目作る。

9
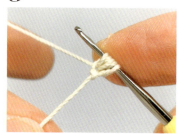
1目めの裏山に中長編みを2目編む。

10

糸を引っ掛けて引き抜く。

11

もう1度くさり編みを2目編む。

12

写真の箇所に中長編みを2目編む。

13

全部で18模様編む(力加減によって長さが変わるので、調整して下さい)。

14

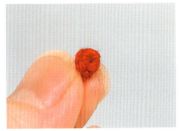

わの中にこま編みを5目入れていちごを編む。

15

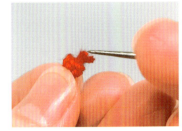

端を2mmほど残して切り、残った糸端を中に押し込む。

16

手芸用ボンドを付ける。

17

いちごとクリームを手芸用ボンドで貼り付けて完成です。

クリスマスツリー

材料	ハマナカ純毛中細(24)約50m 手芸用ボンド
道具	レース針2号(1.5mm)　とじ針

編み図
(ツリー木の部分)

段数	目数	目数の増減
7	42	毎段6目増
6	36	
5	30	
4	24	
3	18	
2	12	
1	6	わの中に6目

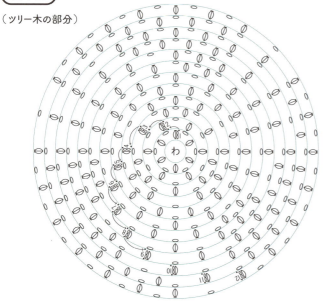

(ツリー下部分)

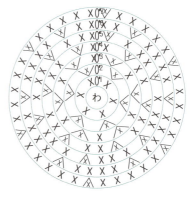

作り方

1 木の部分を編む。中長編み3目の玉編みとくさり編みを交互に編み図のように編む。

2 ツリー下の部分を編む。

3  中に綿を詰めて、木の部分と下の部分をかがる。

4 レースやビーズを手芸用ボンドで貼り付けてもOK。

サンタ帽子

- 材料　ダルマレース＃20 赤（10）約8m
  　　　ダルマレース＃20 きなり（2）約4m
- 道具　レース針2号（1.5mm）　とじ針

編み図

（サンタ帽子）

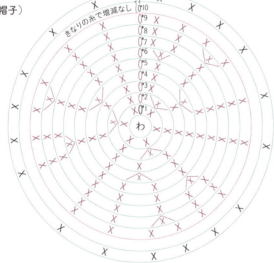

段数	目数	目数の増減	
10〜13	18	増減なし	きなりの糸で編む
9	18	増減なし	
8	18	3目増	
7	15	増減なし	
6	15	3目増	
5	12	増減なし	
4	12	3目増	
3	9	増減なし	
2	9	3目増	
1	6	わの中に6目	

（帽子のぼんぼん）

作り方

1 帽子と帽子上のぼんぼんを編む。

2 糸処理をしてぼんぼんを付ける。ぼんぼんは裏側で編み始めの糸と結んで固定する。

3

白い部分を折り返す。

クリスマスケープ

材料	ダルマレース#20赤(10)約7m
	ダルマレース#20きなり(2)約2m
	ワックスコード茶(幅1mm)約12cm
	手芸用ボンド
道具	レース針2号(1.5mm)　とじ針

編み図

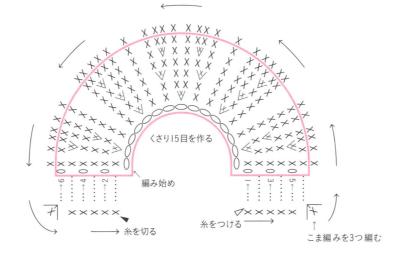

作り方

1 くさり編み15目を作って、編み図のように編む。

2 6段目まで編んだら糸を切る。

3 きなりの糸を付けて周りをこま編みで編む。

4 糸処理をしてワックスコードを手芸用ボンドで付ける。

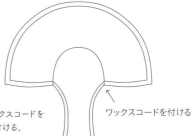

かがみ餅

- **材料**
  ダルマレース＃20 きなり（2）約20m
  ダルマレース＃20 フレッシュグリーン（19）約30cm
  エミーグランデ（カラーズ）ストロングオレンジ（172）約1m
  手芸用ボンド

- **道具** レース針2号（1.5mm）　とじ針

- **編み図** （かがみ餅・上）

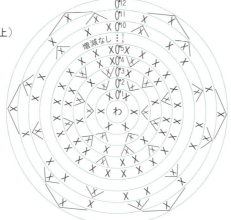

段数	目数	目数の増減
12	6	6目減
11	12	6目減
10	18	6目減
6～9	24	増減なし
5	24	増減なし
4	24	毎段6目増
3	18	
2	12	
1	6	わの中に6目

（かがみ餅・下）

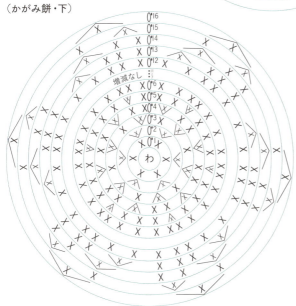

（かがみ餅のみかん）

段数	目数	目数の増減
16	6	6目減
15	12	6目減
14	18	6目減
13	24	6目減
12	30	増減なし
7～11	30	増減なし
6	30	増減なし
5	30	毎段6目増
4	24	
3	18	
2	12	
1	6	わの中に6目

作り方

1
上のお餅と下のお餅を編み図のように編む。

2
綿を詰めて残りの糸で引き絞る。上下のお餅を手芸用ボンドでくっつける。

3

編み図のようにみかんを編む。フレッシュグリーンの糸を針に通して、後ろから通す。

4

玉留めのやり方で針に2周糸をかける。

5

玉留めができたところ。

6

後ろ側に針を抜く。

7

こんな風になります。裏で結んだりしなくて大丈夫。手芸用ボンドを付けるので、固まればしっかり留まる。

8

先端を3mmくらい残して切ったら、糸端をみかんの中に入れるように手芸用ボンドを付ける。

9

かがみ餅に付ける(はみ出したら目打ちで中に入れ込んで整える)。

10

完成。

しめ縄

- **材料**
  - ダルマレース#20 赤（10）約1m
  - ダルマレース#20 きなり（2）約1m
  - ハマナカエコクラフト（ナチュラル）No.001 ベージュ 約12cm
  - 水引き（白と赤）各7cm
  - 木工用ボンド

- **道具** 洗濯バサミ　ハサミ

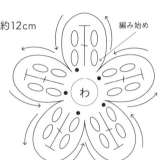

編み図

作り方

1

12cmのクラフトバンドを用意する。

2

1本幅に6本を切る。

3

6本束ねて端を持ってねじっていく。

4

端から1.5cmくらいの所に木工用ボンドを付ける。

5

丸くなるようにくっつける（両端とも1.5cmくらい端を残す）。

6

しっかりと貼り付ける。

7

完全に乾くまで洗濯バサミで固定しておく。

8

先端がバラバラな時はハサミでカットして揃える。

9

こんな感じになります。

10

編み図を見ながら、赤いお花ときなりのお花を編んでおく。

11

水引を赤白2本一緒にくるっとまるめて写真のような形にする。重なっている所を木工用ボンドで貼る。

12

取れやすいので洗濯バサミでボンドが乾くまで固定しておく。

13

写真の位置に木工用ボンドで貼り付ける。

14

お花も木工用ボンドで少し重なるように貼る。完全に乾いたら完成。

おまけ 丸いトレー

- **材料**
  - ハマナカエコクラフト（ナチュラル）No.001ベージュ 約1.2m
  - ハマナカエコクラフト No.013サンド 約1.2m
  - 木工用ボンド
  - マスキングテープ
- **道具**
  - 洗濯バサミ2個　ハサミ

作り方

1

クラフトバンドを1.2m用意する。

2

最初に1本幅で1.2mを2本切り取っておく。その後に4本幅で16cmを4本切る（ハサミやPPバンドを使って切ってください）。

3

16cmのバンドを2本ずつ中心で十字になるように、木工用ボンドで貼り合わせる。

4

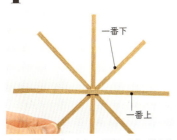

十字に重ねたものを2つ、写真のように貼り合わせる（貼り合わせる際、1番下のバンドと1番上のバンドが隣り合わせになるようにする）。

5

写真の箇所に目印のマスキングテープを貼る（編み始めと編み終わりがわからなくならないようにするため）。

6

写真の箇所に1.2mのバンドを木工用ボンドで貼る。

85

7

洗濯バサミで留めてしっかりと乾かす。

8

写真のように上下上となるように1周編む。

9
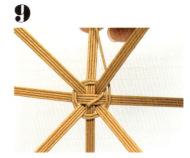
もう1周同じ所を通るように編む。

10
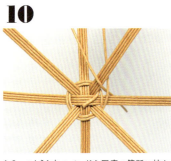
1.2mのもう1本のバンドを写真の箇所に挟むようにして付ける。

11

新しく付けたバンドで前の段と互い違いになるように編んで1周する。

12

休めていた方のバンドに替えて、前段と互い違いになるように1周編む。

13

⑪⑫と同じことを繰り返して、もう2段編む。

14

4本幅のクラフトバンドを全て2本幅に切る。

15

2本幅に切ったバンドを上下上下上となるように、1周編む。

16

1周したら、もう1本のバンドに替えて前段と互い違いになるように1周する（バンドがなくなるまで同じ工程を繰り返して編んでいく）。

17

最後まで編み終わったところ。

18

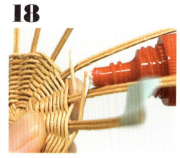

編み終わり2箇所に木工用ボンドを付ける。

19

内側に貼り付ける。

20

乾くまで洗濯バサミではさんでおく。

21

乾いたら編み始めの中心のバンドを5mm残して切る。

22

木工用ボンドで固定しておく。

23

こんな感じです。こちら側が表になります。

24

2本幅を1本幅に切っていく（切り落とさないように気をつけてください）。

25

全部切れたところ。

26

裏側になる方に向けて、バンドを全て折る。

27

右隣のバンド後ろ側を通るようにバンドを倒していく。

28

写真のように曲げていく。

29

その隣も同じように右側のバンドの後ろに倒していく。

30

全て同じように倒す。

31

下に出ているバンドの先端を持つ。

32

写真の箇所に通す。

33

ぎゅっと引っ張る。

34

隣のバンドも同じように通していく。

35

全て通せたところ。

36

バンドの先端を1cmくらい残して切る。

37

木工用ボンドを付ける。

38

裏側に固定する。

39

全て同じように裏側に固定して乾かす。

40

完成。

cocochi（ココチ）

編み物作家。
かぎ針で小さなあみぐるみや飾りものを作ってInstagramにて発信。
minneで作品を販売したり、miroomにて動画レッスンを行なっている。

【Instagram】@cocochi_amimono

着せ替えが楽しい 小さな あみぐるみ
2024年10月16日 第一刷発行

著者　cocochi
写真　cocochi、刈田雅文（切り抜き用物撮り、産業編集センター）
編み図・図案　cocochi、山本祥子（トレース、産業編集センター）
ブックデザイン　Fält（白石哲也）
編集　福永恵子（産業編集センター）

発行　株式会社産業編集センター
　　　〒112-0011 東京都文京区千石4-39-17

印刷・製本　株式会社シナノパブリッシングプレス

©2024　cocochi　Printed in Japan
ISBN978-4-86311-422-7 C5077

本書掲載の作品は個人で楽しんでいただくことを前提に制作しています。
掲載作品もしくは類似品の全部または一部を商品化するなどして販売等することは、その手段・目的に関わらずお断りしています。
営利目的以外の販売等や作品展などへの出品についても同様です。あらかじめご了承ください。
ガラス瓶、木工アイテム（家、椅子、ベッド、ソリ、木馬）は著者私物です。

本書掲載の写真・文章・イラスト・図版を無断で転記することを禁じます。乱丁・落丁本はお取り替えいたします。